Gwneud y pethau bychain

Alys yn dysgu beth ydy ystyr geiriau Dewi Sant

© Testun: Geraint Davies, 2013
© Delweddau: Canolfan Peniarth, Prifysgol Cymru Y Drindod Dewi Sant, 2013

Dyluniwyd a darluniwyd gan Rhiannon Sparks

Cyhoeddwyd yn 2013 gan Ganolfan Peniarth.

Mae Prifysgol Cymru Y Drindod Dewi Sant yn datgan ei hawl moesol dan Ddeddf Hawlfraint, Dyluniadau a Phatentau 1988 i gael ei hadnabod fel awdur a dylunydd y gwaith yn ôl eu trefn.

Roedd Alys yn mwynhau mynd i'r ysgol. Roedd hi wrth ei bodd gyda'i ffrindiau. Roedd hi'n mwynhau gwneud ei gwaith. Ond yn bwysicach na dim, roedd hi'n mwynhau diwrnodau arbennig yn yr ysgol, fel Dydd Gŵyl Dewi.

"Beth yw Dydd Gŵyl Dewi?" gofynnodd ei brawd bach Siôn, a oedd newydd ddechrau'r ysgol.
"Rydym yn cofio am Dewi, sant arbennig Cymru, ar Ddydd Gŵyl Dewi," atebodd Alys.

"Ar y diwrnod yma yn yr ysgol mae llawer o'r merched yn gwisgo het ddu, sgert hir, ffedog wen a siôl. Mae rhai bechgyn yn gwisgo gwasgod a chap stabl. Mae rhai'n gwisgo crysau rygbi Cymru hefyd. Mae'r rhan fwyaf o'r plant yn gwisgo cenhinen Pedr neu genhinen."

Doedd Siôn ddim yn hoffi gwisgo'r wasgod a'r cap. Felly gwenodd
Alys, rhoi ei breichiau amdano a dweud, "Paid â phoeni, fe wnei di
fwynhau. Mae'n llawer o hwyl."
Roedd Siôn bob amser yn teimlo'n well pan oedd ei chwaer yn
garedig tuag ato.

Aeth Alys â llawer o gennin Pedr i'r ysgol y diwrnod hwnnw.
"Bydd rhain yn dod â gwên i wyneb Mrs Evans. Mae hi wrth ei
bodd â blodau," meddyliodd Alys, "a byddan nhw'n gwneud fy
ystafell ddosbarth yn hardd."

Yn yr ysgol, fe ddywedodd Mr Jones storïau am Dewi Sant.
Dywedodd fod Dewi Sant wedi dweud wrth bobl am, "wneud y pethau bychain a welsoch ac a glywsoch gennyf fi."

"Beth tybed oedd Dewi Sant yn ei feddwl wrth sôn am y pethau bychain?" meddyliodd Alys.

Roedd pawb yn edrych yn hardd iawn yn nosbarth Alys yn eu dillad Cymreig. Roedd rhai o'r plant yn cael hwyl yn coginio a blasu eu cennin.

Roedd eraill yn dweud pa mor hardd oedd eu cennin Pedr.

Ond edrychai Siân yn drist.
"Pam wyt ti'n drist?" gofynnodd Alys.
"Mae pawb yn cael cymaint o hwyl," meddai Siân, "ond collais i fy
nghenhinen Pedr ar y ffordd i'r ysgol heddiw."

"Paid â phoeni," meddai Alys, "mae gen i lawer o gennin Pedr. Fe gei di un o fy rhai i."
Felly rhoddodd Alys un o'r blodau i Siân a'i helpu i'w wisgo.
"O diolch yn fawr Alys," dywedodd Siân, "rwyt ti mor garedig."

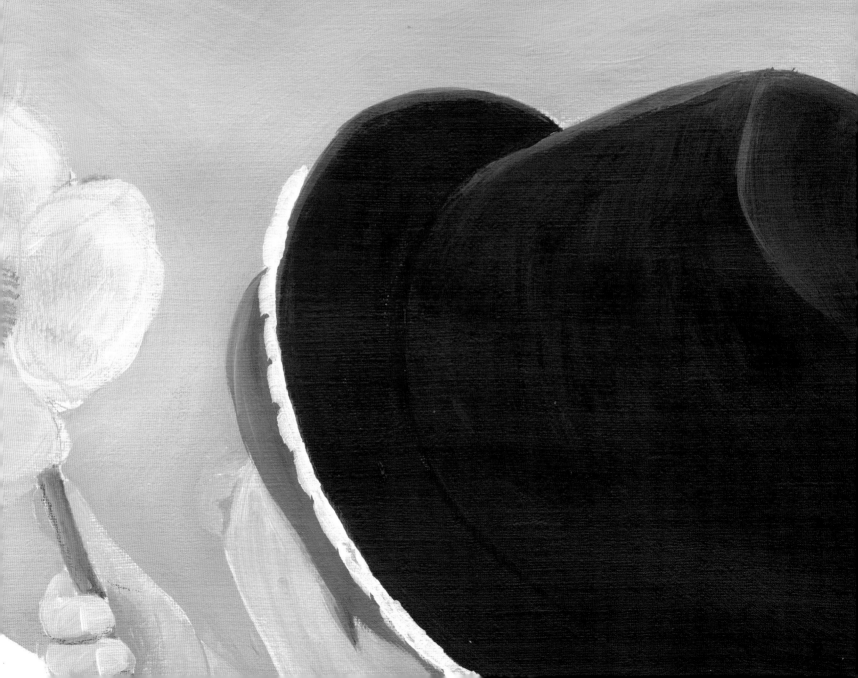

Ar Ddydd Gŵyl Dewi rydyn ni'n canu caneuon ac yn adrodd cerddi rydyn ni wedi eu dysgu.

Roedd Megan yn teimlo braidd yn ofnus i ganu ar ei phen ei hunan.

"Dos Megan," dywedodd Alys wrthi, "mae pawb yn dweud bod gen ti lais canu hyfryd. Rydyn ni i gyd eisiau dy glywed di."

Roedd Megan yn dal ychydig yn ofnus ond fe ganodd yn dda iawn. Dywedodd Alys, "Da iawn ti," wrthi, ar ôl iddi ganu. Edrychai Megan yn hapus iawn wedyn.

Ar ôl dod adref o'r ysgol gofynnodd Alys i Siôn a oedd e wedi mwynhau Dydd Gŵyl Dewi.

"O do," atebodd Siôn, "roedd e'n hwyl."

"Fe wnes i fwynhau'r canu.

"Fe wnes i fwynhau adrodd y cerddi a ddysgais.

"Fe wnes i fwynhau curo dwylo a chefnogi, ond yn bwysicach na dim fe wnes fwynhau gwisgo'r wisg."

Roedd Siôn wedi blino'n lân. Rhoddodd Alys Siôn i eistedd ar y soffa ac aeth i nôl diod iddo. Pan ddaeth hi nôl roedd Siôn yn cysgu'n sownd. Roedd Dydd Gŵyl Dewi wedi bod yn ddiwrnod blinedig iawn!

Roedd Mam yn brysur iawn yn y gegin. "Beth wyt ti'n ei wneud?" holodd Alys.

"Rydw i'n gwneud cacennau cri achos mae'n Ddydd Gŵyl Dewi," atebodd ei mam.

"Ga' i helpu?" gofynnodd Alys.

"Cei siŵr," atebodd ei mam.

Fe helpodd Alys ei mam i gymysgu'r blawd, menyn, siwgr, wyau, cyrens a'r llefrith.

Yna fe wnaethon nhw gacennau bach gyda'r gymysgedd a'u rhoi ar y radell. Roedden nhw'n arogli mor hyfryd nes dihunodd Siôn a dweud, "Ga' i un?"

Fe fwytodd Siôn un ac yna aeth nôl i gysgu!

"Ga' i fynd â rhai at Nain?" gofynnodd Alys.

"Am syniad da," meddai Mam, "mae Nain wrth ei bodd gyda chacennau cri."

Doedd Nain ddim yn byw ymhell o gartref Alys ac roedd Alys
wrth ei bodd yn mynd i'w gweld. Roedd Nain hefyd yn mwynhau
gweld Alys. Roedden nhw yn mwynhau dweud storïau a rhannu
cyfrinachau gyda'i gilydd.

"Helo, dyma syndod!" dywedodd Nain wrth iddi agor y drws a
gweld Alys gyda bocs o gacennau cri.
"Mae mor braf dy weld di, ac rwyt ti wedi dod â chacennau cri
hefyd! Tyrd i mewn ac fe gawn ni un gyda phaned o de."

"Beth wnest ti ddysgu yn yr ysgol heddiw?" gofynnodd Nain wrth
iddyn nhw gael eu te.
Dywedodd Alys wrthi am y storïau a glywson nhw am Dewi Sant.
"Ond mae yna un peth dydw i ddim yn ei ddeall. Dywedodd Dewi
Sant, 'gwnewch y pethau bychain a welsoch ac a glywsoch gennyf
fi.' Beth mae hynny'n ei feddwl Nain?" gofynnodd Alys.

"Mae'n golygu gwneud pethau bach i wneud bywydau pobl eraill yn well ac yn hapusach," atebodd Nain.
"Wyt ti'n cofio gwneud unrhyw beth i helpu rhywun arall heddiw?" gofynnodd Nain.
Yna cofiodd Alys am yr holl bethau a wnaeth ar Ddydd Gŵyl Dewi Sant.

"Fe wnes i helpu Siôn i deimlo'n hapus i wisgo gwasgod a chap.
Fe wnes i Mrs Evans wenu drwy roi blodau iddi hi. Fe wnaeth y
cennin Pedr y dosbarth i edrych yn hyfryd hefyd."

"Fe wnes Siân yn hapus drwy roi un o fy nghennin Pedr iddi hi."

"Dywedais wrth Megan fod ganddi lais canu hyfryd pan roedd arni ofn canu. Roedd hi mor hapus ar ôl iddi ganu ei chân."

"Fe wnes yn siwr fod Siôn yn eistedd ar y soffa ac yn yfed ei ddiod ar ôl iddo ddod adref."

"Fe wnes i helpu Mam i wneud cacennau cri."

"Ac yna fe wnest ti fi'n llawen wrth rannu rhai o dy gacennau cri gyda fi a dweud hanes dy ddiwrnod," meddai Nain.

Yna cofleidiodd Alys a dweud, "Alys, rwyt ti'n drysor."

"Efallai nad ydy pethau bychain i'w gweld yn llawer," meddai Nain, "ond maen nhw'n gwneud gwahaniaeth mawr."

"O Nain," dywedodd Alys, "mae gwneud pethau bychain i eraill yn fy ngwneud i'n hapus iawn hefyd."

Canolfan Peniarth

Canolfan gyhoeddi Prifysgol Cymru: Y Drindod Dewi Sant
Publishing house of University of Wales: Trinity Saint David

Pecyn addysg Tric a Chlic.
Cynllun ffoneg synthetig, systematig a
dilyniadol i'r Cyfnod Sylfaen.

Tric a Chlic education pack.
Welsh language program for synthetic
phonics, systematic and progressive to the
Foundation Phase.

Rho gynnig arni!
Cardiau Her y Cyfnod Sylfaen -
Darpariaeth Barhaus

Have a go!
Foundation Phase Challenge Cards -
Continuous Provision

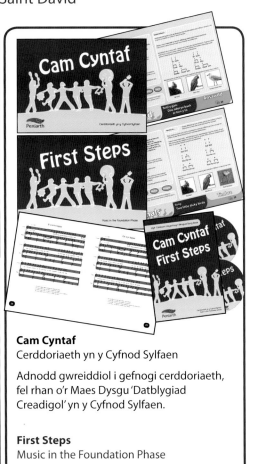

Cam Cyntaf
Cerddoriaeth yn y Cyfnod Sylfaen

Adnodd gwreiddiol i gefnogi cerddoriaeth,
fel rhan o'r Maes Dysgu 'Datblygiad
Creadigol' yn y Cyfnod Sylfaen.

First Steps
Music in the Foundation Phase

An original resource to support music, as
part of the 'Creative Development' Area of
Learning in the Foundation Phase.

www.canolfanpeniarth.org